KIDS

WORD SEARCH

PUZZLE BOOK
AGES 8-12

VOL2

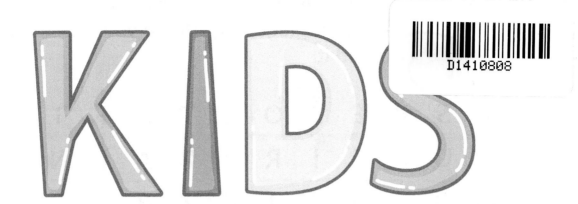

```
V B R E E F I S H R A C H P
A N A C R O C O D I L E E B
A O S T R I C H T E G R D A
I A D D H C H E E T A H G D
B H R O D R A V E N E N E G
E Y W D L S A M O L E H E E
A R T P V P R C B O L R O R
R H T O A A H C R O W A G H
C C A N N O R I A Z E B R A
H A N Y T A E K N I N A W A
```

1. Find the hidden words. The words have been placed horizontally, vertically, or diagonally. When you locate a word, draw an ellipse around it.

F	S	B	E	P	O	L	T	Z	F	T	F
C	U	E	S	I	R	P	P	A	L	N	T
O	O	J	P	O	J	C	Z	B	A	E	W
M	I	S	A	V	A	N	T	O	N	G	N
P	C	X	V					O	O	L	B
U	I	P	S					E	I	U	H
N	N	Z	E					N	S	F	O
C	R	G	W					M	I	E	N
T	E	D	R	U	L	N	C	I	V	R	S
I	P	E	A	W	Z	F	Y	T	O	Q	M
O	O	K	H	Y	B	D	U	Y	R	R	T
N	M	A	J	O	O	G	J	G	P	J	O

1. PROVISIONAL   2. ENMITY

3. COMPUNCTION   4. PERNICIOUS

5. SAVANT   6. APPRISE

7. REFULGENT   8. LOPE

2. Find the hidden words. The words have been placed horizontally, vertically, or diagonally. When you locate a word, draw an ellipse around it.

M	B	L	O	E	P	I	T	O	M	E	O
U	O	P	S	U	R	U	C	N	O	C	E
N	D	W	T	P	Y	U	I	U	S	X	E
J	I	A	R	A	C	A	N	V	A	S	S
Y	N	T	A					S	V	K	E
K	D	W	C					Q	D	Q	Q
L	K	U	I					F	E	E	B
K	P	H	S					B	K	B	F
U	K	F	M	N	U	G	A	T	O	R	Y
Y	F	N	R	L	L	Y	D	I	A	R	W
K	C	O	N	S	P	I	C	U	O	U	S
T	A	E	R	T	N	E	I	C	I	J	K

1. OSTRACISM   2. ENTREAT

3. IDYLL   4. CANVASS

5. NUGATORY   6. CONCUR

7. CONSPICUOUS   8. EPITOME

3. Find the hidden words. The words have been placed horizontally, vertically, or diagonally. When you locate a word, draw an ellipse around it.

W	E	N	D	H	U	K	Q	Y	F	T	A
D	I	S	G	F	P	B	F	S	G	N	B
I	F	P	G	Q	J	A	N	A	S	E	M
R	D	I	V	U	L	G	E	R	S	G	U
O	N	D	M					C	E	L	M
L	B	S	C					N	L	U	U
F	B	M	R					Y	K	F	K
V	F	T	W					S	C	E	I
P	C	B	N	D	S	A	A	O	E	R	C
Z	M	E	U	E	E	G	W	I	F	H	N
N	I	B	B	L	E	W	M	D	V	X	I
L	A	C	I	T	E	H	T	I	T	N	A

1. FECKLESS

2. REFULGENT

3. WEND

4. FLORID

5. IDIOSYNCRASY

6. NIBBLE

7. DIVULGE

8. ANTITHETICAL

4. Find the hidden words. The words have been placed horizontally, vertically, or diagonally. When you locate a word, draw an ellipse around it.

L	A	C	I	T	E	H	T	I	T	N	A
C	J	V	N	J	U	B	I	I	P	Y	L
E	S	H	E	X	H	Y	U	R	R	Z	W
C	U	Q	C	I	F	A	A	P	O	P	V
N	M	S	N					F	L	T	K
E	M	T	I					X	I	D	W
G	A	W	V					J	X	T	F
R	R	N	E					J	U	Y	T
E	I	Y	J	M	K	D	R	C	E	W	E
V	L	X	E	H	O	R	E	C	A	S	T
I	Y	I	M	P	E	D	I	M	E	N	T
D	F	U	L	M	I	N	A	T	I	O	N

1. RECAST

2. DIVERGENCE

3. SUMMARILY

4. IMPEDIMENT

5. EVINCE

6. PROLIX

7. FULMINATION

8. ANTITHETICAL

5. Find the hidden words. The words have been placed horizontally, vertically, or diagonally. When you locate a word, draw an ellipse around it.

S	E	I	S	D	L	I	A	T	R	U	C
H	S	G	L	G	Y	U	Q	O	L	B	O
J	E	C	A	R	H	U	Y	S	N	K	A
B	T	O	K	X	I	O	R	L	T	C	T
T	A	U	E					B	G	K	T
F	P	O	L					F	N	B	E
A	L	S	O					W	E	O	N
W	U	L	S					J	F	O	U
E	C	N	N	X	K	E	X	B	N	R	A
E	X	G	O	Q	B	K	K	X	Z	I	T
F	E	O	C	J	K	Q	N	H	S	S	E
Y	G	Q	T	J	K	Z	M	W	E	H	J

1. WAFT

2. SLAKE

3. EXCULPATE

4. CONSOLE

5. OBLOQUY

6. ATTENUATE

7. BOORISH

8. CURTAIL

6. Find the hidden words. The words have been placed horizontally, vertically, or diagonally. When you locate a word, draw an ellipse around it.

I	R	V	E	I	I	A	M	E	V	D	D
T	M	U	X	O	J	I	P	H	F	Z	O
F	O	S	T	E	R	L	Q	F	E	M	Y
H	H	E	E	U	H	D	F	F	A	O	H
J	F	D	M					E	O	E	T
W	F	E	P					W	P	T	D
M	I	T	O					B	V	Z	O
G	T	E	R					F	B	C	F
Y	B	R	E	P	H	F	K	C	E	Z	E
O	S	U	M	M	A	R	I	L	Y	W	I
E	Q	U	I	V	O	C	A	L	I	P	N
G	K	V	B	V	Z	T	A	V	I	D	T

1. AIL
2. SUMMARILY

3. FEINT
4. EQUIVOCAL

5. DETER
6. EXTEMPORE

7. AVID
8. FOSTER

7. Find the hidden words. The words have been placed horizontally, vertically, or diagonally. When you locate a word, draw an ellipse around it.

L	U	A	H	R	E	V	O	M	Q	I	N
P	Q	M	C	F	T	F	A	W	X	P	O
Q	E	T	A	R	O	B	A	L	E	B	Y
V	N	E	T	A	R	A	P	S	I	D	C
V	C	W	E					V	C	H	L
C	F	R	T					G	F	O	A
H	P	I	A					I	X	N	H
G	J	Y	T					I	Y	E	A
S	U	O	I	C	I	N	R	E	P	R	Q
J	Q	Q	G	N	B	M	K	V	P	O	P
Q	L	J	O	V	N	X	N	J	V	U	J
M	H	F	C	P	T	I	H	S	P	S	B

1. WAFT

2. ELABORATE

3. OVERHAUL

4. COGITATE

5. HALCYON

6. PERNICIOUS

7. DISPARATE

8. ONEROUS

8. Find the hidden words. The words have been placed horizontally, vertically, or diagonally. When you locate a word, draw an ellipse around it.

G	O	V	E	R	H	A	U	L	I	E	Q
W	Q	Y	U	R	O	H	X	T	H	Q	X
D	I	R	O	L	F	P	A	Z	D	Y	Z
C	Q	E	Q	U	I	V	O	C	A	L	D
B	L	B	U					E	O	J	E
H	H	S	Z					T	H	B	C
P	O	X	Y					A	M	C	N
H	G	N	M					L	Y	J	I
Q	R	E	Y	I	Q	W	A	A	C	E	V
G	H	V	P	N	N	N	C	P	Y	A	E
S	U	O	I	G	I	D	O	R	P	X	Y
T	O	B	T	R	U	S	I	V	E	L	B

1. OVERHAUL

2. FLORID

3. EQUIVOCAL

4. EVINCE

5. PRODIGIOUS

6. PALATE

7. OBTRUSIVE

9. Find the hidden words. The words have been placed horizontally, vertically, or diagonally. When you locate a word, draw an ellipse around it.

B	U	F	F	R	B	S	T	X	L	Y	J
Z	Q	F	V	G	Q	H	W	Z	L	X	Y
G	R	U	B	Y	M	R	Y	T	W	H	V
Q	N	O	I	T	A	D	I	P	E	R	T
V	P	C	L				N	A	N	E
P	L	L	E				E	P	I	Q
H	U	O	M				X	P	A	G
Y	M	T	A				U	R	T	T
Z	M	U	Q	D	J	J	F	S	I	B	L
F	E	R	Y	T	I	M	N	E	S	O	D
J	T	E	M	N	T	J	C	D	E	I	H
U	V	K	D	N	E	C	S	A	M	D	U

1. PLUMMET

2. ASCEND

3. TREPIDATION

4. ENMITY

5. CLOTURE

6. OBTAIN

7. NEXUS

8. APPRISE

10. Find the hidden words. The words have been placed horizontally, vertically, or diagonally. When you locate a word, draw an ellipse around it.

E	Q	Y	J	X	L	W	V	S	M	K	Q
C	N	S	Y	L	I	R	A	M	M	U	S
N	K	U	D	J	Z	F	C	I	F	Q	C
E	C	O	A	G	U	L	A	T	I	O	N
D	D	I	X					A	P	J	N
U	M	R	J					U	H	O	T
R	A	B	I					Y	U	Q	H
P	D	U	X					B	O	X	L
R	X	L	T	E	M	M	U	L	P	B	C
B	A	A	R	E	F	U	L	G	E	N	T
K	Y	S	E	F	A	T	U	O	U	S	R
I	B	N	O	I	T	C	N	A	S	R	W

1. PLUMMET

2. REFULGENT

3. PRUDENCE

4. SALUBRIOUS

5. SUMMARILY

6. SANCTION

7. FATUOUS

8. COAGULATION

11. Find the hidden words. The words have been placed horizontally, vertically, or diagonally. When you locate a word, draw an ellipse around it.

C	U	E	M	L	A	T	O	V	I	P	G
D	N	S	U	O	R	O	G	I	V	U	L
G	O	Y	L	B	J	O	F	P	F	E	P
I	I	M	U	F	K	D	B	A	L	D	H
Q	T	N	C					L	O	Z	Z
C	A	G	I					A	R	U	L
D	D	Z	R					T	I	N	U
G	I	J	R					E	D	O	V
Y	P	N	U	O	Y	S	E	R	E	H	T
K	E	Z	C	M	P	Z	B	G	I	Y	S
O	R	B	R	T	C	I	T	A	M	O	S
G	T	D	P	E	H	X	Z	Y	O	Q	V

1. HERESY   2. TREPIDATION

3. FLORID   4. PIVOTAL

5. CURRICULUM   6. PALATE

7. VIGOROUS   8. SOMATIC

12. Find the hidden words. The words have been placed horizontally, vertically, or diagonally. When you locate a word, draw an ellipse around it.

U	W	N	L	R	M	N	N	T	B	B	D
N	P	O	W	Z	Y	M	F	W	N	V	E
T	R	I	M	I	K	K	F	U	D	N	T
G	O	T	Q	T	L	L	V	S	E	U	A
T	V	A	T					S	R	G	L
L	I	L	N					A	O	A	U
S	S	U	E					V	G	T	S
J	I	G	T					N	A	O	P
V	O	A	I	C	H	N	B	A	T	R	A
G	N	O	N	H	S	H	C	C	O	Y	C
H	A	C	E	L	B	B	I	N	R	P	N
R	L	R	P	D	U	S	R	O	Y	K	E

1. PROVISIONAL

2. PENITENT

3. NUGATORY

4. CANVASS

5. NIBBLE

6. COAGULATION

7. ENCAPSULATE

8. DEROGATORY

13. Find the hidden words. The words have been placed horizontally, vertically, or diagonally. When you locate a word, draw an ellipse around it.

D	H	E	C	N	E	L	U	C	U	R	T
I	I	U	P	L	S	U	N	D	R	Y	V
S	N	Q	R	G	U	L	P	X	F	Y	K
I	T	L	O	A	R	X	R	T	K	E	N
N	E	N	V					L	Z	P	K
G	R	O	I					S	A	Q	L
E	S	I	S					C	J	W	I
N	P	T	I					X	B	X	E
U	E	C	O	F	U	A	G	M	N	V	U
O	R	N	N	V	F	H	L	S	T	S	Z
U	S	A	A	A	L	T	Y	X	J	K	K
S	E	S	L	C	O	D	D	L	E	I	A

1. PROVISIONAL   2. SUNDRY

3. CODDLE   4. TRUCULENCE

5. INTERSPERSE   6. SANCTION

7. DISINGENUOUS

14. **Find the hidden words. The words have been placed horizontally, vertically, or diagonally. When you locate a word, draw an ellipse around it.**

X	F	J	D	N	O	V	C	K	Y	A	K
Z	E	X	U	B	E	R	A	N	C	E	K
S	U	O	U	N	E	G	N	I	S	I	D
E	T	A	C	O	V	I	U	Q	E	M	Z
B	R	Z	X					O	Q	P	L
I	L	I	Y					X	L	E	P
R	Q	L	S					I	U	D	Z
C	Q	L	J					H	X	I	K
S	E	L	B	A	E	M	R	E	P	M	I
O	E	V	I	S	U	R	T	B	O	E	M
R	R	S	S	B	G	X	V	P	N	N	K
P	M	O	U	E	E	R	C	E	D	T	I

1. DECREE

2. PROSCRIBE

3. DISINGENUOUS

4. IMPEDIMENT

5. EQUIVOCATE

6. IMPERMEABLE

7. OBTRUSIVE

8. EXUBERANCE

15. Find the hidden words. The words have been placed horizontally, vertically, or diagonally. When you locate a word, draw an ellipse around it.

G	G	E	J	V	Z	C	T	R	U	A	Y
F	D	Z	E	X	C	U	L	P	A	T	E
E	I	O	M	I	N	O	U	S	A	L	E
C	S	A	N	U	G	A	T	O	R	Y	L
K	P	T	X				Z	S	Z	A
L	A	T	R				G	O	E	B
E	R	E	X				R	I	Y	O
S	A	N	C				E	Y	B	R
S	T	U	H	X	V	E	Q	T	C	L	A
O	E	A	R	J	N	H	N	S	W	C	T
F	I	T	N	C	P	C	J	O	I	A	E
H	O	E	J	X	P	S	B	F	Q	B	P

1. ELABORATE   2. FECKLESS

3. NUGATORY   4. OMINOUS

5. DISPARATE   6. EXCULPATE

7. ATTENUATE   8. FOSTER

16. Find the hidden words. The words have been placed horizontally, vertically, or diagonally. When you locate a word, draw an ellipse around it.

D	F	V	Z	P	P	M	S	J	X	G	Y
U	L	W	D	I	L	A	U	Q	S	V	S
P	C	A	F	X	I	L	O	R	P	B	A
L	K	Z	S	U	O	C	S	I	V	I	R
I	Y	Y	P					N	Y	Z	C
C	I	X	G					S	X	S	N
I	P	W	T					T	H	T	Y
T	X	J	Q					H	F	I	S
Y	D	S	N	G	A	R	B	L	E	N	O
T	F	K	Y	Y	O	Q	X	L	T	G	I
Z	I	N	K	L	E	M	N	G	M	I	D
L	Q	E	G	R	A	H	C	R	U	S	I

1. SURCHARGE

2. SQUALID

3. DUPLICITY

4. IDIOSYNCRASY

5. PROLIX

6. GARBLE

7. VISCOUS

8. STING

17. Find the hidden words. The words have been placed horizontally, vertically, or diagonally. When you locate a word, draw an ellipse around it.

P	I	C	S	Q	F	N	G	J	B	C	A
J	V	O	S	R	J	N	C	E	Z	U	W
W	M	N	E	E	J	H	E	K	H	H	N
V	E	T	L	S	X	G	F	A	I	O	V
Q	T	R	K					L	B	R	X
I	I	I	C					S	U	Z	K
N	C	T	E					L	F	B	M
S	U	E	F					J	F	T	E
I	L	R	E	T	E	D	N	C	O	W	U
P	O	Q	E	T	A	U	N	E	T	T	A
I	U	R	E	U	M	M	Y	A	S	N	S
D	S	Y	T	I	C	I	L	P	U	D	V

1. FECKLESS

2. INSIPID

3. METICULOUS

4. SLAKE

5. CONTRITE

6. DUPLICITY

7. DETER

8. ATTENUATE

18. **Find the hidden words. The words have been placed horizontally, vertically, or diagonally. When you locate a word, draw an ellipse around it.**

R	E	C	I	T	A	L	S	H	Q	P	S
T	D	P	O	V	P	A	L	A	T	E	K
X	E	P	I	T	H	E	T	X	N	I	S
S	U	O	U	N	E	G	N	I	S	I	D
P	Z	B	Q					Y	Z	H	V
Z	S	C	M					R	B	O	E
L	T	Z	Y					C	G	G	D
U	J	A	R					E	A	P	K
Y	D	X	M	J	E	F	X	D	U	G	D
Y	S	A	R	C	N	Y	S	O	I	D	I
K	E	C	N	E	L	U	C	U	R	T	N
H	Q	E	T	A	R	A	P	S	I	D	H

1. RECITALS

2. TRUCULENCE

3. EPITHET

4. IDIOSYNCRASY

5. DISPARATE

6. DISINGENUOUS

7. DECRY

8. PALATE

19. Find the hidden words. The words have been placed horizontally, vertically, or diagonally. When you locate a word, draw an ellipse around it.

U	R	E	J	E	A	O	V	X	E	S	S
L	O	R	Y	R	D	N	U	S	X	A	P
Y	T	I	M	N	E	U	O	Z	P	N	E
K	N	O	L	L	I	A	U	Q	L	C	R
B	V	V	U				P	O	T	I	
J	M	W	S				G	I	I	P	
E	Y	Z	T				I	T	O	A	
Z	T	X	R				W	Q	N	T	
W	M	L	O	U	G	Y	B	G	P	R	E
B	Y	H	U	T	Y	E	N	K	A	L	T
V	D	R	S	L	N	B	B	R	M	D	I
B	R	A	A	C	A	X	L	X	Z	X	C

1. PERIPATETIC

2. IRE

3. ENMITY

4. SUNDRY

5. SANCTION

6. LUSTROUS

7. EXPLOIT

8. QUAIL

20. Find the hidden words. The words have been placed horizontally, vertically, or diagonally. When you locate a word, draw an ellipse around it.

L	P	U	S	S	U	C	C	O	R	H	K
S	E	A	Y	K	X	X	U	K	U	S	U
A	R	H	H	S	I	V	A	L	F	X	J
T	T	M	P	K	X	G	Q	N	U	H	S
Y	A	H	B					I	Z	D	T
D	I	J	B					X	Q	F	Y
P	N	K	G					O	R	I	G
R	D	X	M					V	K	T	I
O	S	C	I	T	E	L	I	M	O	H	A
L	X	J	J	V	W	E	V	W	Q	S	N
I	F	K	N	H	A	F	S	J	X	U	Y
X	Z	Y	R	O	T	A	G	U	N	T	Z

1. SUCCOR

2. NUGATORY

3. PERTAIN

4. HOMILETICS

5. STYGIAN

6. LAVISH

7. PROLIX

8. SHUN

21. Find the hidden words. The words have been placed horizontally, vertically, or diagonally. When you locate a word, draw an ellipse around it.

M	A	L	I	G	N	W	G	R	X	G	R
S	Y	K	T	E	S	W	B	L	B	N	Z
W	F	X	Z	D	S	J	E	K	D	I	I
T	F	X	Q	U	Y	Q	J	Y	P	T	N
Y	O	E	Y					O	E	S	E
H	R	I	Y					W	D	W	M
M	E	N	J					U	F	S	M
N	S	M	M					I	B	A	P
E	T	G	Z	B	L	Z	S	B	W	V	M
X	A	V	F	L	O	R	I	D	S	A	L
U	L	R	O	N	O	Y	C	L	A	H	O
S	L	H	N	Z	U	Y	E	R	A	N	S

1. FLORID   2. HALCYON

3. SNARE   4. NEXUS

5. FORESTALL   6. MALIGN

7. STING

22. Find the hidden words. The words have been placed horizontally, vertically, or diagonally. When you locate a word, draw an ellipse around it.

T	R	E	P	I	D	A	T	I	O	N	M
M	V	W	L	F	L	O	R	I	D	Z	E
R	R	D	O	O	C	W	W	G	O	I	T
S	E	C	N	E	G	R	E	V	I	D	I
N	C	K	H				T	L	C	C	
M	I	J	J				V	H	R	U	
M	T	G	P				G	Y	A	L	
S	A	W	E				U	C	V	O	
R	L	V	O	H	E	C	A	M	H	E	U
T	S	Y	N	P	U	B	Z	B	C	N	S
D	Z	S	U	O	N	I	M	O	R	X	F
D	B	E	Q	U	E	S	T	H	Y	X	H

1. RECITALS

2. TREPIDATION

3. BEQUEST

4. METICULOUS

5. DIVERGENCE

6. OMINOUS

7. FLORID

8. CRAVEN

23. Find the hidden words. The words have been placed horizontally, vertically, or diagonally. When you locate a word, draw an ellipse around it.

I	E	H	D	Y	R	D	N	U	S	U	G
K	P	J	Z	S	F	C	N	N	A	H	E
C	I	R	I	F	T	Y	I	K	V	C	S
B	T	C	F	B	D	S	U	L	A	T	P
P	O	L	Z					A	N	Q	A
E	M	H	E					A	T	Q	L
M	E	K	V					V	E	D	E
F	Z	B	M					G	W	H	R
U	D	C	H	E	C	Y	Q	B	X	F	D
C	H	A	Y	I	R	C	J	J	O	A	U
L	A	C	O	V	I	U	Q	E	R	C	U
E	V	R	H	S	I	R	O	O	B	A	P

1. SUNDRY

2. EQUIVOCAL

3. RIFT

4. SAVANT

5. EPITOME

6. RELAPSE

7. BOORISH

24. Find the hidden words. The words have been placed horizontally, vertically, or diagonally. When you locate a word, draw an ellipse around it.

R	D	I	R	L	U	S	T	R	O	U	S
E	T	A	R	E	F	I	L	O	R	P	H
F	P	E	R	N	I	C	I	O	U	S	S
E	Z	Q	C	A	N	V	A	S	S	U	X
D	F	C	F					V	Z	R	B
P	D	N	Y					I	C	H	T
U	K	X	P					S	G	J	B
I	L	D	L					C	Q	F	E
P	L	M	P	J	L	E	L	O	I	O	M
E	K	R	I	L	V	E	O	U	G	L	S
N	V	C	V	U	H	N	U	S	Y	R	N
Q	U	A	I	L	Q	V	L	I	R	E	D

1. PROLIFERATE   2. IRE

3. DEFER   4. PERNICIOUS

5. LUSTROUS   6. CANVASS

7. VISCOUS   8. QUAIL

25. Find the hidden words. The words have been placed horizontally, vertically, or diagonally. When you locate a word, draw an ellipse around it.

R	A	E	W	S	R	O	F	K	P	K	E
O	V	A	L	N	V	G	S	T	R	M	I
A	Z	B	A	Z	T	W	X	R	E	N	O
Q	P	W	C	X	O	P	U	Q	C	E	U
W	L	W	I					R	L	P	Q
S	U	A	S					V	U	I	F
T	M	Z	M					W	D	T	O
M	M	X	I					A	E	H	L
X	E	B	H	Q	Y	X	Q	F	A	E	Q
F	T	R	W	H	D	D	W	T	R	T	R
M	Q	B	R	U	C	O	N	G	E	A	L
Q	L	L	A	T	S	E	R	O	F	E	D

1. PLUMMET

2. EPITHET

3. WHIMSICAL

4. PRECLUDE

5. CONGEAL

6. FORESTALL

7. FORSWEAR

8. WAFT

26. Find the hidden words. The words have been placed horizontally, vertically, or diagonally. When you locate a word, draw an ellipse around it.

E	D	U	T	I	P	R	U	T	X	W	I
V	E	M	X	V	A	S	H	D	Y	F	D
D	C	S	E	E	D	T	Y	F	T	V	P
Y	N	U	R	S	N	A	R	E	U	F	E
S	E	M	J					H	F	X	N
E	G	M	M					D	L	H	I
R	R	A	V					T	O	M	T
E	E	R	I					W	R	F	E
H	V	I	X	D	B	Q	B	H	I	N	N
Y	I	L	K	L	Q	V	B	S	D	C	T
C	D	Y	X	Z	A	L	D	Y	I	A	X
A	P	R	O	L	I	F	E	R	A	T	E

1. PENITENT	2. TURPITUDE
3. HERESY	4. PROLIFERATE
5. FLORID	6. DIVERGENCE
7. SUMMARILY	8. SNARE

27. Find the hidden words. The words have been placed horizontally, vertically, or diagonally. When you locate a word, draw an ellipse around it.

T	E	B	K	S	S	Z	K	R	P	Y	S
Y	L	A	C	I	S	M	I	H	W	T	U
Z	B	R	D	W	U	X	W	Z	E	I	P
R	A	X	S	T	F	K	A	N	R	C	E
A	E	K	C					A	N	I	R
E	M	M	N					J	C	L	F
W	R	E	D					F	B	P	L
S	E	J	V					Z	S	U	U
R	P	F	H	P	A	L	A	T	E	D	O
O	M	L	L	A	T	S	E	R	O	F	U
F	I	A	P	R	D	Y	Y	D	I	I	S
A	N	T	I	T	H	E	T	I	C	A	L

1. WHIMSICAL

2. DUPLICITY

3. PALATE

4. IMPERMEABLE

5. FORESTALL

6. ANTITHETICAL

7. SUPERFLUOUS

8. FORSWEAR

28. Find the hidden words. The words have been placed horizontally, vertically, or diagonally. When you locate a word, draw an ellipse around it.

J	D	G	N	N	I	R	A	E	H	U	S
N	S	W	W	K	F	T	R	P	N	Q	N
A	O	K	K	U	L	A	E	I	H	S	V
D	O	M	I	N	O	U	S	T	J	W	D
N	X	D	I					H	S	Y	I
E	M	U	H					E	E	L	P
C	V	R	V					T	O	F	R
S	Z	D	M					Y	H	G	O
A	X	G	S	E	V	V	C	B	P	N	T
S	L	A	C	K	R	E	F	E	D	I	C
A	R	I	L	C	G	Z	R	A	U	T	K
T	N	E	M	I	D	E	P	M	I	S	F

1. SLACK	2. ASCEND
3. OMINOUS	4. DEFER
5. EPITHET	6. TORPID
7. IMPEDIMENT	8. STING

29. Find the hidden words. The words have been placed horizontally, vertically, or diagonally. When you locate a word, draw an ellipse around it.

K	K	D	V	P	L	M	C	Y	T	V	L
U	P	R	O	L	I	F	E	R	A	T	E
Y	T	P	Q	W	A	B	R	N	A	N	N
R	R	E	J	R	I	F	T	T	S	R	Y
E	W	N	R					Z	G	Q	O
M	D	I	E					E	N	J	U
A	S	T	T					P	D	X	C
S	K	E	E					B	C	L	O
W	T	N	D	L	C	F	L	O	R	I	D
A	W	T	G	R	O	B	V	I	A	T	E
O	S	T	E	N	T	A	T	I	O	N	U
A	E	G	I	W	Y	L	A	M	S	I	D

1. PENITENT

2. PROLIFERATE

3. DISMAL

4. FLORID

5. OBVIATE

6. OSTENTATION

7. RIFT

8. DETER

30. Find the hidden words. The words have been placed horizontally, vertically, or diagonally. When you locate a word, draw an ellipse around it.

L	C	E	B	M	K	M	W	I	N	V	C
L	W	N	M	F	L	A	B	A	C	C	I
A	P	G	B	B	V	X	G	H	R	O	Q
E	N	R	Q	X	I	X	X	M	C	N	K
G	W	O	E					B	A	S	L
N	X	S	G					M	K	P	D
O	F	S	N					L	K	I	Y
C	T	I	U					J	Z	C	L
Q	B	N	H	X	O	W	E	N	D	U	L
Z	T	G	S	X	V	J	K	S	M	O	X
D	I	S	I	N	G	E	N	U	O	U	S
S	U	P	P	R	E	S	S	L	W	S	M

1. SUPPRESS

2. WEND

3. DISINGENUOUS

4. CONGEAL

5. CABAL

6. ENGROSSING

7. CONSPICUOUS

8. SHUN

31. Find the hidden words. The words have been placed horizontally, vertically, or diagonally. When you locate a word, draw an ellipse around it.

U	H	P	M	F	A	Z	Q	R	H	M	M
B	T	I	X	Y	P	D	K	O	S	W	E
S	E	N	M	I	T	Y	F	T	U	B	T
V	M	U	A	R	M	W	D	R	M	X	A
V	M	B	K					X	M	T	R
S	U	H	K					X	A	T	E
B	L	S	W					V	R	L	F
J	P	H	E					L	I	T	I
I	U	U	N	D	M	W	N	Q	L	Y	L
S	J	N	D	R	Y	Y	N	M	Y	R	O
Q	B	T	N	Y	O	C	B	K	H	O	R
Y	R	C	E	D	S	Z	P	N	B	U	P

1. PLUMMET

2. PROLIFERATE

3. WEND

4. ENMITY

5. SUMMARILY

6. DECRY

7. TYRO

8. SHUN

32. **Find the hidden words. The words have been placed horizontally, vertically, or diagonally. When you locate a word, draw an ellipse around it.**

N	O	I	T	A	D	I	P	E	R	T	Y
Z	O	G	P	A	L	A	T	E	Y	P	O
D	Q	O	F	M	U	F	F	L	E	R	B
E	Q	F	A	G	B	R	Q	R	E	P	T
C	J	U	T					Q	I	H	R
R	K	W	U					R	O	S	U
E	Z	J	O					E	W	S	S
E	I	B	U					K	F	T	I
T	I	N	S	Z	Y	Y	R	F	T	U	V
U	S	S	E	R	P	P	U	S	H	E	E
J	D	X	S	V	I	W	U	V	H	O	H
I	G	X	R	P	E	N	I	T	E	N	T

1. PENITENT	2. DECREE
3. SUPPRESS	4. MUFFLER
5. TREPIDATION	6. PALATE
7. FATUOUS	8. OBTRUSIVE

33. Find the hidden words. The words have been placed horizontally, vertically, or diagonally. When you locate a word, draw an ellipse around it.

G	F	M	T	J	X	G	F	A	F	R	E
K	D	E	G	D	E	L	F	H	A	A	Q
W	V	S	R	K	C	L	D	S	C	N	U
G	W	S	X	T	B	J	Z	Y	I	T	I
A	Y	A	R					M	L	O	V
H	N	V	U					K	E	B	O
Z	Y	N	D					O	T	Q	C
V	J	A	L					G	O	G	A
J	U	C	H	S	I	V	A	L	R	P	T
C	H	E	V	V	X	I	G	K	P	D	E
G	Y	U	Q	O	L	B	O	J	I	A	J
A	U	D	M	V	M	D	D	S	D	D	C

1. RANT

2. FACILE

3. LAVISH

4. TORPID

5. CANVASS

6. EQUIVOCATE

7. OBLOQUY

8. FLEDGED

34. Find the hidden words. The words have been placed horizontally, vertically, or diagonally. When you locate a word, draw an ellipse around it.

V	D	D	E	R	O	G	A	T	O	R	Y
S	K	M	Q	L	I	Q	L	X	R	Y	B
A	Q	Y	V	I	F	R	D	V	C	L	Z
N	S	U	N	D	R	Y	J	I	F	D	E
C	T	N	H					S	S	A	R
T	T	X	T					C	O	M	U
I	J	V	B					O	Y	B	T
O	A	A	J					U	R	U	O
N	I	Z	Y	C	X	I	Q	S	E	X	L
O	A	D	O	C	D	I	R	O	L	F	C
L	Y	E	T	A	R	A	P	S	I	D	F
K	W	N	A	J	B	X	R	R	Q	A	N

1. SUNDRY

2. CLOTURE

3. FLORID

4. SANCTION

5. DISPARATE

6. DEROGATORY

7. VISCOUS

8. CODA

35. Find the hidden words. The words have been placed horizontally, vertically, or diagonally. When you locate a word, draw an ellipse around it.

Y	S	A	R	C	N	Y	S	O	I	D	I
C	O	A	G	U	L	A	T	I	O	N	A
S	S	Q	P	N	U	G	A	T	O	R	Y
U	W	L	H	A	D	K	P	N	Y	G	X
O	S	G	S					U	T	Q	M
I	Q	A	Y					I	I	Y	P
C	W	Q	Z					X	C	C	Z
I	H	Z	T					X	U	K	O
N	K	F	N	O	I	T	C	N	A	S	C
R	D	Z	W	N	W	G	Z	S	P	H	P
E	R	A	C	A	F	F	I	N	I	T	Y
P	G	D	S	D	I	N	E	V	A	R	C

1. PAUCITY

2. SANCTION

3. IDIOSYNCRASY

4. PERNICIOUS

5. NUGATORY

6. COAGULATION

7. CRAVEN

8. AFFINITY

36. Find the hidden words. The words have been placed horizontally, vertically, or diagonally. When you locate a word, draw an ellipse around it.

E	S	T	I	O	L	P	X	E	Q	F	G
D	Q	H	L	A	V	I	S	H	S	M	N
I	B	S	D	E	T	Y	K	E	U	R	I
S	N	U	W	P	E	Q	I	R	N	R	S
P	C	O	H					E	D	H	S
A	K	I	V					F	R	N	O
R	M	G	X					U	Y	D	R
A	V	I	Z					L	O	J	G
T	N	D	N	M	Z	N	P	G	T	J	N
E	F	O	G	F	B	U	S	E	F	I	E
O	Q	R	E	Y	E	B	Y	N	I	H	P
P	N	P	N	H	H	R	F	T	R	O	B

1. REFULGENT

2. SUNDRY

3. LAVISH

4. DISPARATE

5. RIFT

6. PRODIGIOUS

7. ENGROSSING

8. EXPLOIT

37. Find the hidden words. The words have been placed horizontally, vertically, or diagonally. When you locate a word, draw an ellipse around it.

S	B	T	S	E	U	Q	E	B	I	R	U
G	S	X	D	S	C	J	Z	A	L	M	C
L	S	A	S	U	C	C	O	R	O	S	I
S	O	F	N	L	G	X	X	M	N	U	T
I	Z	H	B					B	E	B	E
D	R	E	A					G	R	P	T
E	X	L	F					C	O	O	A
S	V	O	W					F	U	E	P
T	P	S	B	T	W	T	S	P	S	N	I
E	C	N	Y	R	D	N	U	S	E	A	R
P	B	O	R	Z	Z	U	L	O	V	C	E
H	Z	C	P	F	B	Q	I	Z	X	M	P

1. PERIPATETIC

2. BEQUEST

3. SUNDRY

4. SUCCOR

5. ONEROUS

6. CONSOLE

7. SIDESTEP

8. SUBPOENA

38. Find the hidden words. The words have been placed horizontally, vertically, or diagonally. When you locate a word, draw an ellipse around it.

E	P	V	Q	D	V	B	Z	C	Z	E	O
Q	V	B	D	F	A	T	U	O	U	S	S
O	P	O	N	I	K	H	C	C	S	W	U
Q	K	B	A	C	O	U	V	D	X	P	O
G	B	T	V					E	W	P	U
X	T	R	I					L	S	E	L
L	O	U	N					B	X	R	F
H	E	S	I					B	J	T	R
S	N	I	A	Y	L	X	A	I	N	A	E
U	K	V	T	P	Y	V	V	N	G	I	P
F	Z	E	B	O	X	G	I	C	A	N	U
W	J	G	O	B	A	C	D	N	U	H	S

1. PERTAIN
2. OBTAIN
3. NIBBLE
4. FATUOUS
5. AVID
6. OBTRUSIVE
7. SHUN
8. SUPERFLUOUS

39. **Find the hidden words. The words have been placed horizontally, vertically, or diagonally. When you locate a word, draw an ellipse around it.**

L	N	D	O	Y	C	N	M	K	E	N	A
A	U	E	V	S	A	O	X	A	G	Z	D
T	B	X	G	C	O	D	A	N	R	Y	S
O	H	T	K	V	Y	P	A	M	A	L	X
V	J	R	J				K	H	I	V	
I	R	A	Y				M	C	Y	S	
P	I	L	H				F	R	W	Q	
R	R	E	R				J	U	X	U	
I	Q	G	E	S	P	L	T	S	S	K	A
V	Z	A	Y	R	E	T	S	O	F	F	L
W	U	L	M	Q	D	I	P	I	S	N	I
E	C	N	A	R	E	P	M	E	T	R	D

1. TEMPERANCE

2. SURCHARGE

3. INSIPID

4. SQUALID

5. PIVOTAL

6. FOSTER

7. EXTRALEGAL

8. CODA

40. Find the hidden words. The words have been placed horizontally, vertically, or diagonally. When you locate a word, draw an ellipse around it.

F	N	Z	N	J	E	J	T	V	S	V	A
D	C	O	A	G	U	L	A	T	I	O	N
J	K	F	F	K	I	G	S	V	E	E	G
L	E	F	Y	L	V	X	A	C	L	E	W
J	V	X	V					U	I	P	Y
A	X	K	S					R	C	J	T
E	K	Y	J					T	A	Z	I
L	I	Z	U					A	F	P	R
E	X	C	O	R	I	A	T	I	O	N	E
H	J	D	I	X	W	F	D	L	J	B	P
L	P	K	F	A	T	U	O	U	S	L	S
F	O	E	R	U	T	O	L	C	W	U	A

1. CLOTURE

2. ASPERITY

3. FACILE

4. FATUOUS

5. COAGULATION

6. EXCORIATION

7. CURTAIL

41. Find the hidden words. The words have been placed horizontally, vertically, or diagonally. When you locate a word, draw an ellipse around it.

X	Z	L	C	O	D	D	L	E	E	Y	U
C	A	X	N	P	G	C	O	E	L	S	P
X	T	H	F	W	M	B	D	T	F	A	J
Z	E	Q	U	I	V	O	C	A	L	R	T
J	A	X	U					R	A	C	A
E	C	O	A					E	B	N	X
G	N	A	Z					F	A	Y	A
H	W	V	F					I	C	S	W
Q	V	A	E	M	B	O	T	L	T	O	Q
N	E	V	A	R	C	T	F	O	E	I	O
S	U	O	C	S	I	V	A	R	M	D	S
O	I	D	L	S	J	N	W	P	F	I	X

1. PROLIFERATE

2. CODDLE

3. IDIOSYNCRASY

4. EQUIVOCAL

5. CABAL

6. CRAVEN

7. VISCOUS

8. WAFT

42. Find the hidden words. The words have been placed horizontally, vertically, or diagonally. When you locate a word, draw an ellipse around it.

S	X	X	U	N	E	Y	H	L	S	R	Q
U	E	S	C	O	G	I	T	A	T	E	U
P	X	O	B	A	Y	L	T	C	A	E	D
E	L	B	V	D	H	X	R	I	K	Q	H
R	I	T	L					T	O	J	V
F	E	R	H					E	I	Z	T
L	P	U	A					H	Y	T	E
U	I	S	L					T	J	W	A
O	T	I	C	Q	I	A	J	I	V	H	W
U	H	V	Y	U	E	M	O	T	I	P	E
S	E	E	O	U	H	J	B	N	Y	R	D
Q	T	N	N	N	D	O	L	A	P	Z	X

1. COGITATE

2. HALCYON

3. EPITHET

4. OBTRUSIVE

5. EPITOME

6. ANTITHETICAL

7. SUPERFLUOUS

43. **Find the hidden words. The words have been placed horizontally, vertically, or diagonally. When you locate a word, draw an ellipse around it.**

V	A	C	I	L	L	A	T	I	O	N	I
P	G	E	J	V	U	F	M	U	T	S	M
O	M	O	B	T	R	U	S	I	V	E	S
N	E	G	L	I	G	E	N	T	W	R	G
D	J	T	X				N	X	L	F	
I	O	F	A				E	A	R	K	
Z	N	A	E				G	E	Z	A	
L	R	W	U				O	U	T	Q	
H	X	I	A	E	F	T	J	C	I	N	G
S	E	H	D	E	D	U	L	C	C	O	G
P	S	U	P	E	R	F	L	U	O	U	S
F	D	I	A	P	H	A	N	O	U	S	I

1. COGENT	2. VACILLATION
3. NEGLIGENT	4. OCCLUDED
5. OBTRUSIVE	6. DIAPHANOUS
7. SUPERFLUOUS	8. WAFT

44. Find the hidden words. The words have been placed horizontally, vertically, or diagonally. When you locate a word, draw an ellipse around it.

L	V	I	G	O	R	O	U	S	D	C	Q
I	O	D	X	Y	L	U	Q	U	N	A	Q
A	M	S	P	P	M	G	B	D	E	B	C
T	F	U	E	K	Y	E	C	W	W	A	M
R	T	O	T					I	C	L	D
U	E	L	M					N	A	K	C
C	W	U	S					E	D	E	K
B	Y	C	S					R	O	B	D
H	O	I	G	H	M	I	C	P	C	T	D
I	A	T	T	E	N	U	A	T	E	Y	W
N	C	E	F	D	P	Z	H	K	J	X	V
G	E	M	P	A	L	A	T	E	L	U	L

1. WEND

2. METICULOUS

3. CABAL

4. ATTENUATE

5. PALATE

6. VIGOROUS

7. CODA

8. CURTAIL

45. Find the hidden words. The words have been placed horizontally, vertically, or diagonally. When you locate a word, draw an ellipse around it.

P	L	U	M	M	E	T	R	H	N	F	E
J	C	D	D	O	Q	L	A	K	L	I	N
G	I	K	I	B	C	D	N	B	E	H	V
N	T	Y	V	W	S	T	T	T	Y	Q	K
I	E	A	E					L	P	C	T
S	T	N	R					E	N	Z	W
S	A	Y	G					H	N	Q	J
O	P	Q	E					X	G	K	B
R	I	O	N	D	I	R	O	L	F	B	K
G	R	Z	C	M	Z	J	O	U	T	H	G
N	E	R	E	F	T	I	O	L	P	X	E
E	P	U	W	Z	C	A	N	V	A	S	S

1. PLUMMET

2. RANT

3. PERIPATETIC

4. FLORID

5. DIVERGENCE

6. ENGROSSING

7. EXPLOIT

8. CANVASS

1. Find the hidden words. The words have been placed horizontally, vertically, or diagonally. When you locate a word, draw an ellipse around it.

I	H	P	R	O	D	I	G	I	O	U	S
P	G	L	A	C	O	V	I	U	Q	E	G
S	X	E	O	E	T	A	L	A	P	O	S
M	E	I	X	I	N	D	D	B	X	B	C
D	V	R	S	F	E	I	N	Y	J	V	O
M	I	E	G	O	G	L	J	B	B	I	U
L	S	H	A	V	I	A	Y	A	I	A	Q
D	U	C	P	M	L	U	D	C	D	T	E
A	R	U	L	O	G	Q	Y	K	S	E	G
A	T	A	B	M	E	S	H	Y	T	C	Z
S	B	G	I	W	N	N	X	B	W	N	E
B	O	O	L	A	D	T	J	W	G	J	M

SQUALID   EQUIVOCAL   PRODIGIOUS   GAUCHERIE

OBVIATE   NEGLIGENT   PALATE   OBTRUSIVE

2. Find the hidden words. The words have been placed horizontally, vertically, or diagonally. When you locate a word, draw an ellipse around it.

U	A	L	Q	I	N	K	Z	I	R	B	P
O	S	T	E	N	T	A	T	I	O	N	O
D	X	D	H	P	F	C	D	Y	J	W	W
C	O	N	S	P	I	C	U	O	U	S	H
G	A	X	H	D	K	S	J	Q	F	D	R
W	P	T	S	E	U	Q	E	B	F	I	E
J	P	R	X	E	M	Z	Y	X	W	P	G
Q	R	P	E	N	I	T	E	N	T	R	B
G	I	A	H	N	I	A	T	B	O	O	I
W	S	Q	O	U	B	G	N	R	F	T	G
I	E	G	X	X	F	G	C	K	W	L	F
T	X	X	X	K	K	Q	R	B	E	S	B

PENITENT   OBTAIN   TORPID   CONSPICUOUS

BEQUEST   OSTENTATION   APPRISE

3. Find the hidden words. The words have been placed
   horizontally, vertically, or diagonally. When you locate a word,
   draw an ellipse around it.

H	I	A	I	S	L	C	C	E	F	Y	F
R	S	Z	Y	U	B	J	Z	W	E	W	C
D	N	S	T	P	R	X	R	W	W	Z	E
E	I	A	C	E	Q	D	E	P	P	E	Y
T	A	N	R	R	H	U	T	G	A	U	S
A	T	C	F	F	E	P	K	L	S	P	I
R	R	T	C	L	H	L	O	F	S	E	F
A	E	I	H	U	Q	I	E	Z	A	R	G
P	P	M	N	O	L	C	F	H	V	G	U
S	C	O	A	U	O	I	K	J	N	W	L
I	H	N	O	S	K	T	P	C	A	I	A
D	L	Y	S	H	L	Y	H	R	C	B	V

GRAZE   PERTAIN   DUPLICITY   SUPERFLUOUS

SANCTIMONY   DISPARATE   CANVASS

4. Find the hidden words. The words have been placed horizontally, vertically, or diagonally. When you locate a word, draw an ellipse around it.

C	Z	K	J	X	H	D	N	W	N	Z	T
Z	E	T	A	L	A	P	I	P	F	P	A
B	T	N	A	Y	O	U	B	S	X	U	T
D	P	C	X	G	F	U	B	E	T	Z	P
T	A	E	R	T	N	E	L	T	H	Y	P
Z	A	Z	D	E	S	X	E	Q	I	I	L
G	V	A	C	I	L	L	A	T	I	O	N
D	H	K	P	T	G	B	Z	J	I	M	Q
C	I	S	T	A	E	G	H	G	A	A	A
T	T	Q	B	F	Z	E	R	A	N	S	T
O	V	Y	R	N	A	I	G	Y	T	S	W
J	Y	L	I	R	A	M	M	U	S	K	V

BUOYANT   STYGIAN   VACILLATION   NIBBLE

SUMMARILY   ENTREAT   SNARE   PALATE

5. Find the hidden words. The words have been placed horizontally, vertically, or diagonally. When you locate a word, draw an ellipse around it.

M	O	S	T	E	N	T	A	T	I	O	N
F	Z	G	R	Q	U	A	L	M	N	B	I
B	V	Z	D	Q	D	B	D	A	C	L	G
J	V	A	A	Q	A	T	J	O	Y	O	V
T	G	E	F	P	R	V	K	P	J	Q	U
N	A	B	F	L	H	U	J	M	K	U	S
A	R	V	I	U	B	B	J	P	M	Y	R
L	B	Y	N	M	O	Q	Z	A	V	I	D
U	L	O	I	M	U	W	F	G	W	C	P
T	E	N	T	E	X	E	E	T	A	U	H
E	B	S	Y	T	I	X	X	K	I	U	Y
P	R	A	Z	L	D	F	C	F	L	A	P

PLUMMET   PETULANT   AVID   GARBLE

QUALM   OSTENTATION   OBLOQUY   AFFINITY

6. Find the hidden words. The words have been placed horizontally, vertically, or diagonally. When you locate a word, draw an ellipse around it.

Y	W	B	Y	H	X	X	V	R	X	I	J
V	Y	T	I	R	E	P	S	A	E	P	N
F	G	T	C	E	E	T	A	L	A	P	O
M	B	G	O	V	C	E	E	A	J	T	I
R	B	Z	I	Z	E	S	J	T	F	N	T
R	K	Q	A	N	M	R	D	O	B	E	A
J	R	E	G	O	A	E	V	V	M	G	L
J	W	C	X	P	M	T	C	I	E	I	U
V	I	G	O	R	O	U	S	P	S	L	G
N	D	P	Y	Z	J	Q	V	J	N	G	A
W	C	B	Q	Z	X	F	F	E	Y	E	O
X	V	E	L	B	R	A	G	R	G	N	C

ASPERITY   PIVOTAL   PALATE   GARBLE

TERSE   NEGLIGENT   COAGULATION   VIGOROUS

7. Find the hidden words. The words have been placed horizontally, vertically, or diagonally. When you locate a word, draw an ellipse around it.

M	Z	C	C	M	Q	E	I	M	H	Z	J
N	C	J	H	F	N	K	E	M	Z	J	H
G	D	Z	J	L	H	X	F	V	S	M	T
E	L	B	A	E	M	R	E	P	M	I	N
J	L	A	G	D	O	T	J	T	I	O	E
Q	U	M	Q	G	Q	F	K	D	V	X	M
L	M	L	Q	E	E	A	G	D	S	W	I
Y	M	A	G	D	X	W	K	G	L	H	D
W	S	U	O	R	T	S	U	L	E	Q	E
I	B	Q	H	S	I	R	O	O	B	Z	P
B	K	D	L	S	M	P	M	P	G	L	M
A	U	I	B	D	N	E	C	S	A	I	I

QUALM   IMPEDIMENT   IMPERMEABLE   BOORISH

ASCEND   LUSTROUS   FLEDGED   WAFT

8. Find the hidden words. The words have been placed horizontally, vertically, or diagonally. When you locate a word, draw an ellipse around it.

C	I	D	I	J	P	W	N	L	D	K	I
J	U	N	F	M	N	V	L	L	F	B	S
V	K	E	F	H	M	X	Z	L	K	M	L
D	F	C	N	B	I	Z	R	K	E	X	A
S	H	S	I	D	F	S	J	U	Y	E	T
I	X	A	V	H	G	N	I	T	S	H	I
X	D	E	T	A	R	O	B	A	L	E	C
C	D	Z	N	Z	T	Y	R	C	E	D	E
X	F	N	I	A	R	T	S	N	O	C	R
E	G	E	E	R	A	N	S	D	N	E	B
H	O	S	T	R	A	C	I	S	M	I	I
O	C	C	B	T	O	F	N	F	E	F	J

ELABORATE   ASCEND   STING   CONSTRAIN

OSTRACISM   RECITALS   SNARE   DECRY

9. Find the hidden words. The words have been placed horizontally, vertically, or diagonally. When you locate a word, draw an ellipse around it.

G	U	L	W	P	I	V	O	T	A	L	O
G	F	K	S	N	L	X	B	M	D	E	R
K	Z	G	P	Q	N	N	E	Y	I	T	V
B	B	J	R	K	I	H	L	L	P	O	T
A	V	Z	O	K	B	R	B	R	I	Q	V
B	X	Q	S	A	B	R	R	E	S	Z	G
K	O	D	C	F	L	X	A	P	N	V	I
D	E	C	R	E	E	A	G	Q	I	V	M
W	U	C	I	H	Z	R	X	G	N	U	Z
T	J	L	B	S	U	B	P	O	E	N	A
O	Q	I	E	S	E	W	C	D	A	T	I
I	V	L	Z	R	J	B	V	E	Y	H	U

DECREE   PROSCRIBE   NIBBLE   GARBLE   SUBPOENA

INSIPID   PIVOTAL

10. Find the hidden words. The words have been placed horizontally, vertically, or diagonally. When you locate a word, draw an ellipse around it.

C	L	O	T	U	R	E	I	A	Z	H	T
T	P	O	K	Y	E	W	M	A	F	A	I
L	Y	S	K	R	G	T	U	J	E	Z	Q
W	M	U	G	D	N	V	L	X	T	X	E
M	H	O	V	N	I	Z	R	E	A	P	I
J	K	U	E	B	X	L	I	R	K	U
R	B	T	Q	S	R	W	U	F	A	E	M
L	J	P	J	C	A	U	N	O	P	X	E
R	M	M	R	A	H	T	J	S	S	A	Q
G	S	U	O	U	T	A	F	T	I	J	B
K	J	S	E	A	I	L	B	E	D	E	N
C	L	E	J	H	A	K	H	R	U	K	P

SUNDRY   CLOTURE   HARBINGER   SUMPTUOUS

AIL   DISPARATE   FATUOUS   FOSTER

11. **Find the hidden words. The words have been placed horizontally, vertically, or diagonally. When you locate a word, draw an ellipse around it.**

E	I	W	A	F	T	C	U	V	L	G	N
P	L	U	S	Q	U	A	L	I	D	I	Q
I	K	E	Q	K	J	D	N	S	U	C	G
T	I	S	F	D	O	E	S	B	S	U	K
H	L	O	H	I	S	T	Y	Z	K	I	E
E	O	C	F	R	Y	E	D	Q	P	K	F
T	A	I	L	O	L	R	B	O	Z	X	M
R	N	L	S	L	D	H	C	N	C	U	S
L	D	L	Z	F	M	Q	S	L	G	C	E
Z	M	E	V	Z	P	S	U	J	H	Z	E
V	M	B	Y	P	E	G	V	D	F	R	L
L	G	S	N	Q	N	E	X	U	S	Y	O

BELLICOSE   AIL   FLORID   NEXUS   DETER

WAFT   SQUALID   EPITHET

12. Find the hidden words. The words have been placed horizontally, vertically, or diagonally. When you locate a word, draw an ellipse around it.

T	S	P	I	W	T	N	E	R	T	N	O
I	L	D	S	U	U	N	N	Q	R	A	W
L	A	L	A	P	C	O	X	N	B	E	O
B	T	P	V	G	C	I	C	W	E	L	N
U	I	O	A	K	W	T	Z	T	L	B	O
L	C	T	N	T	K	A	N	N	L	B	Y
H	E	S	T	N	O	N	W	N	I	I	C
Q	R	E	R	A	S	I	C	W	C	N	L
P	B	U	D	R	H	M	A	F	O	Y	A
F	Z	Q	D	B	M	L	L	M	S	M	H
I	G	E	K	R	Q	U	X	P	E	M	Y
Y	H	B	O	B	Z	F	X	K	X	E	G

BELLICOSE   RECITALS   SAVANT   BEQUEST

RANT   HALCYON   NIBBLE   FULMINATION

13. Find the hidden words. The words have been placed horizontally, vertically, or diagonally. When you locate a word, draw an ellipse around it.

C	M	L	L	A	T	S	E	R	O	F	V
U	R	S	S	A	V	N	A	C	H	K	R
R	A	N	S	M	H	M	B	W	B	J	F
R	K	G	Q	B	L	Y	A	P	E	I	S
I	Q	X	U	G	C	T	D	H	E	Z	R
C	Q	S	A	V	A	N	T	Z	A	Z	Q
U	K	C	L	E	M	X	K	N	R	T	M
L	D	W	I	T	E	M	M	U	L	P	T
U	H	M	D	G	N	Y	R	B	C	H	K
M	O	I	U	S	B	S	O	L	G	B	U
P	R	E	C	A	R	I	O	U	S	O	X
K	S	L	H	D	G	M	P	P	H	N	W

PLUMMET   CANVASS   SAVANT   PRECARIOUS

SQUALID   CURRICULUM   FORESTALL

14. Find the hidden words. The words have been placed horizontally, vertically, or diagonally. When you locate a word, draw an ellipse around it.

M	L	D	B	I	Y	N	C	S	D	P	E
C	S	L	Y	N	F	B	N	X	I	U	C
Z	T	P	V	I	U	M	A	K	P	X	O
V	U	U	Z	A	A	G	I	V	R	O	G
C	G	L	K	T	X	E	G	C	O	G	I
A	L	F	U	R	O	C	Y	J	T	O	T
N	R	I	H	E	O	N	T	R	M	O	A
V	D	X	Q	P	I	E	S	O	X	A	T
A	S	I	X	Q	D	D	V	X	W	R	E
S	T	Q	Z	R	S	U	I	J	A	G	D
S	W	G	F	L	O	R	I	D	N	N	G
H	O	S	S	R	Q	P	C	V	Z	C	O

PRUDENCE   PERTAIN   STYGIAN   TORPID   CANVASS

FLORID   COGITATE

15. Find the hidden words. The words have been placed horizontally, vertically, or diagonally. When you locate a word, draw an ellipse around it.

D	I	D	L	C	O	N	S	O	L	E	N
R	V	Q	L	A	T	O	V	I	P	N	X
R	U	V	V	D	O	C	O	N	C	U	R
P	C	L	B	E	U	E	U	Q	J	O	D
E	F	A	Q	X	V	A	P	D	E	B	W
V	Q	E	L	T	S	U	B	L	I	M	E
X	Z	J	P	E	T	X	X	C	B	A	J
Y	E	T	A	R	O	B	A	L	E	I	K
I	R	U	W	I	J	M	P	P	X	B	R
E	R	Q	M	T	E	T	A	L	A	P	S
H	V	W	I	Y	H	V	H	U	V	F	H
C	Z	P	V	I	G	O	R	O	U	S	L

ELABORATE   PIVOTAL   CONSOLE   PALATE

DEXTERITY   SUBLIME   CONCUR   VIGOROUS

16. Find the hidden words. The words have been placed horizontally, vertically, or diagonally. When you locate a word, draw an ellipse around it.

B	H	T	T	N	E	T	I	N	E	P	W
C	J	C	Y	G	S	V	H	B	H	X	O
A	F	H	Q	J	T	O	B	Z	D	M	J
T	A	P	R	E	C	L	U	D	E	B	E
A	F	N	Q	H	Q	P	X	X	T	C	P
L	S	U	O	I	G	I	D	O	R	P	I
Y	P	E	N	Z	L	A	V	I	S	H	T
S	S	U	M	M	A	R	I	L	Y	A	W
T	G	A	Z	M	Q	W	X	A	I	Q	J
A	R	E	C	I	P	R	O	C	I	T	Y
C	X	C	M	I	R	U	R	H	R	I	N
N	T	L	Y	W	M	D	T	J	D	U	D

PENITENT   LAVISH   PRODIGIOUS   CATALYST

SUMMARILY   PRECLUDE   RECIPROCITY

17. Find the hidden words. The words have been placed horizontally, vertically, or diagonally. When you locate a word, draw an ellipse around it.

G	A	Y	L	I	R	A	M	M	U	S	A
L	E	S	P	P	G	K	C	N	K	N	S
E	X	I	Z	N	I	B	B	L	E	J	O
S	C	P	S	M	Y	W	K	Z	D	W	N
A	U	Q	Q	Y	C	Y	G	H	R	I	Y
N	L	C	A	B	A	L	S	C	B	D	K
C	P	G	A	L	E	H	V	T	Z	P	F
T	A	L	T	T	E	H	T	I	P	E	C
I	T	S	S	A	V	N	A	C	D	A	T
O	E	L	S	T	T	T	Y	R	O	M	O
N	H	O	M	W	R	Q	K	V	N	R	I
N	Q	K	N	Z	O	R	W	Q	J	X	M

SUMMARILY   CABAL   EXCULPATE   CANVASS

SANCTION   NIBBLE   TYRO   EPITHET

18. Find the hidden words. The words have been placed horizontally, vertically, or diagonally. When you locate a word, draw an ellipse around it.

M	F	N	H	F	H	F	J	N	Y	H	K
Y	S	R	S	W	S	E	K	O	T	L	E
C	U	P	T	S	U	C	L	I	I	L	O
M	O	Q	F	L	E	K	C	T	C	A	W
V	N	E	K	C	Z	L	R	C	O	T	D
J	A	H	T	I	P	E	F	N	R	S	O
D	H	J	Y	P	Z	S	R	U	P	E	R
H	P	W	A	F	T	S	E	P	I	R	N
U	A	B	Q	E	S	A	R	M	C	O	A
Q	I	S	U	O	I	D	O	O	E	F	Z
V	D	E	E	N	D	M	I	C	R	U	S
T	B	T	J	F	O	K	N	Z	N	Z	O

WAFT   ODIOUS   FORESTALL

FECKLESS   PITH   DIAPHANOUS

COMPUNCTION   RECIPROCITY

19. Find the hidden words. The words have been placed horizontally, vertically, or diagonally. When you locate a word, draw an ellipse around it.

E	A	P	Y	N	O	X	I	O	U	S	C
T	O	G	T	K	Z	S	T	I	N	G	A
C	E	S	I	F	S	P	Z	M	F	K	L
M	X	J	C	W	P	O	T	P	K	L	A
R	T	K	O	P	H	N	N	E	N	R	N
R	R	K	R	R	E	D	E	R	P	K	J
X	A	B	P	K	T	E	T	M	T	Y	B
E	L	N	I	P	F	R	I	E	C	N	B
Q	E	R	C	O	P	O	N	A	D	C	C
E	G	Q	E	C	L	U	E	B	I	P	A
U	A	A	R	U	P	S	P	L	Z	B	O
H	L	K	C	A	L	S	M	E	W	R	M

SLACK   NOXIOUS   PONDEROUS   IMPERMEABLE

PENITENT   STING   RECIPROCITY   EXTRALEGAL

20. Find the hidden words. The words have been placed horizontally, vertically, or diagonally. When you locate a word, draw an ellipse around it.

S	Z	N	X	A	B	K	S	D	M	B	S
U	D	P	M	I	H	T	S	L	H	A	H
P	N	I	A	T	B	O	A	L	J	P	A
E	F	J	M	V	Q	C	V	M	M	P	I
R	E	F	S	Y	Q	C	N	O	G	R	P
F	I	B	B	E	C	Z	A	B	X	I	F
L	N	D	R	T	U	W	C	F	O	S	F
U	T	D	Z	D	K	F	L	I	R	E	Z
O	L	L	I	D	A	C	C	E	P	S	N
U	K	D	I	R	O	L	F	R	A	N	T
S	Q	V	F	T	N	V	G	G	H	G	A
H	P	Q	M	L	S	R	M	Z	D	S	N

RANT   OBTAIN   APPRISE   SUPERFLUOUS

FLORID   FEINT   CANVASS   PECCADILLO

21. Find the hidden words. The words have been placed horizontally, vertically, or diagonally. When you locate a word, draw an ellipse around it.

D	K	V	K	P	N	S	A	T	M	D	G
O	M	O	H	L	O	T	S	A	H	A	Z
I	Y	E	W	Y	I	I	C	W	V	P	Y
W	Z	U	I	G	T	N	E	N	L	G	X
I	C	Q	I	R	A	G	N	K	A	Q	N
T	U	R	P	I	T	U	D	E	C	U	D
U	T	O	C	B	N	F	A	R	I	J	L
A	V	T	U	R	E	F	O	A	S	V	Q
W	M	V	A	A	T	G	Q	Z	M	J	S
Q	P	I	V	D	S	S	D	C	I	S	N
T	W	I	Y	U	O	N	L	D	H	R	W
T	P	A	U	C	I	T	Y	R	W	P	Z

TURPITUDE   TORQUE   PAUCITY   OSTENTATION

ASCEND   STING   WHIMSICAL

22. **Find the hidden words. The words have been placed horizontally, vertically, or diagonally. When you locate a word, draw an ellipse around it.**

Q	I	P	I	U	T	E	W	K	F	Q	Z
T	W	R	R	Z	E	B	Q	Y	C	M	H
I	X	O	Z	E	G	I	W	F	M	U	N
I	D	L	H	N	L	R	Y	Y	A	I	C
E	E	I	A	V	U	C	J	J	I	W	L
C	G	X	R	N	V	S	F	I	E	Y	O
V	D	E	B	L	I	O	N	S	U	H	T
K	E	U	I	G	D	R	C	Q	D	L	U
O	L	Q	N	G	C	P	X	X	D	A	R
V	F	R	G	V	I	U	U	O	S	D	E
L	F	O	E	S	S	E	L	K	C	E	F
J	T	T	R	V	S	H	R	I	A	P	S

FECKLESS   CLOTURE   HARBINGER   FLEDGED

TORQUE   PROSCRIBE   PROLIX   DIVULGE

23. Find the hidden words. The words have been placed horizontally, vertically, or diagonally. When you locate a word, draw an ellipse around it.

Q	O	T	G	O	R	Y	U	B	T	F	Q
W	C	I	J	C	M	R	S	D	B	D	Y
E	B	T	W	S	S	E	R	P	P	U	S
N	O	I	T	A	D	I	P	E	R	T	I
D	G	N	I	S	S	O	R	G	N	E	T
H	C	A	P	T	X	H	K	J	G	B	C
G	O	S	C	Q	Y	B	R	A	S	R	N
J	D	C	E	E	R	H	M	R	N	P	S
N	D	E	R	J	F	M	M	A	H	J	R
Y	L	N	N	O	Y	C	L	A	H	C	B
K	E	D	K	P	N	C	B	H	B	A	F
V	K	D	K	B	P	U	T	W	R	J	O

SUPPRESS   TREPIDATION   CODDLE   ENGROSSING

ASCEND   WEND   HALCYON

24. Find the hidden words. The words have been placed horizontally, vertically, or diagonally. When you locate a word, draw an ellipse around it.

S	O	T	L	L	P	Q	S	J	A	P	G
U	D	U	H	S	N	O	X	I	O	U	S
P	O	Z	O	L	I	Q	N	M	O	V	J
E	B	R	E	C	I	T	A	L	S	B	Y
R	L	R	O	S	T	S	E	U	Q	E	B
F	O	Y	B	U	K	R	V	V	W	B	Q
L	Q	M	Q	N	J	R	F	F	D	Z	Q
U	U	U	X	D	V	E	K	J	S	B	C
O	Y	F	A	R	C	O	N	S	O	L	E
U	Q	C	D	Y	N	R	A	U	B	N	W
S	M	Y	O	L	V	X	Y	Z	R	H	V
H	I	R	C	K	L	E	U	S	U	Q	B

RECITALS   SUNDRY   OBLOQUY   CODA

NOXIOUS   CONSOLE   BEQUEST   SUPERFLUOUS

25. Find the hidden words. The words have been placed horizontally, vertically, or diagonally. When you locate a word, draw an ellipse around it.

Y	T	E	T	T	R	L	O	L	Y	Y	I
W	U	X	D	S	H	N	R	A	J	C	Y
F	R	T	L	R	L	F	V	B	W	Y	S
B	P	R	N	G	B	H	X	A	U	N	E
S	I	A	E	L	K	A	T	C	Y	Z	E
E	T	L	Q	R	U	C	N	O	C	K	N
W	U	E	T	V	S	U	O	E	J	N	M
O	D	G	I	G	N	O	B	L	E	X	I
U	E	A	N	W	W	K	C	U	V	U	T
M	Z	L	M	Q	X	M	V	K	Y	M	Y
S	U	P	E	R	F	L	U	O	U	S	G
Q	S	U	O	R	T	S	U	L	G	N	V

TURPITUDE   CABAL   LUSTROUS   EXTRALEGAL

ENMITY   IGNOBLE   CONCUR   SUPERFLUOUS

26. Find the hidden words. The words have been placed horizontally, vertically, or diagonally. When you locate a word, draw an ellipse around it.

H	S	D	O	H	S	T	S	L	A	Q	U
K	Y	U	N	D	O	I	L	L	Y	D	I
W	F	P	I	V	M	Y	X	H	E	U	H
S	U	L	E	K	A	A	H	H	N	Z	B
O	S	I	P	O	T	M	C	C	B	Z	W
W	M	C	I	O	I	H	E	S	R	E	T
G	Q	I	T	Q	C	B	I	L	P	X	A
N	T	T	O	Z	B	Y	A	A	I	N	W
Y	M	Y	M	O	P	I	S	G	S	X	Y
E	I	R	E	H	C	U	A	G	K	I	H
P	E	R	I	P	A	T	E	T	I	C	S
K	N	R	E	L	A	P	S	E	U	J	G

PERIPATETIC   IDYLL   GAUCHERIE   RELAPSE

TERSE   DUPLICITY   EPITOME   SOMATIC

27. Find the hidden words. The words have been placed horizontally, vertically, or diagonally. When you locate a word, draw an ellipse around it.

Y	C	K	D	O	E	U	N	N	A	E	A
W	E	N	D	Y	N	J	I	Q	Q	V	S
A	I	J	B	S	S	Z	B	Q	F	M	G
Q	K	G	Q	B	O	U	B	N	J	A	K
N	E	F	O	W	Z	W	L	Z	R	C	P
V	T	B	X	X	J	D	E	C	R	E	E
S	E	L	B	A	E	M	R	E	P	M	I
D	Y	Z	I	G	K	T	U	H	M	U	V
C	L	R	Q	U	E	V	E	V	Z	T	G
U	E	P	A	L	A	T	E	B	P	M	P
G	N	I	S	S	O	R	G	N	E	D	R
S	H	U	N	L	E	G	L	U	V	I	D

DECREE   NIBBLE   IMPERMEABLE   DIVULGE

WEND   ENGROSSING   PALATE   SHUN

28. Find the hidden words. The words have been placed horizontally, vertically, or diagonally. When you locate a word, draw an ellipse around it.

V	F	I	C	L	F	Y	V	V	B	R	K
E	W	N	Z	N	D	D	D	G	T	B	F
W	F	T	D	O	E	C	S	N	B	I	D
H	E	E	H	I	A	A	R	I	D	K	H
A	C	R	G	T	E	T	O	E	P	Y	F
R	K	S	A	A	L	A	A	I	T	T	H
B	L	P	P	T	P	L	J	C	Y	I	F
I	E	E	P	N	Y	Y	L	J	J	N	K
N	S	R	R	E	P	S	F	Y	B	I	Y
G	S	S	I	T	T	T	R	X	N	F	R
E	U	E	S	S	A	C	B	L	R	F	W
R	P	Y	E	O	Q	O	B	W	C	A	V

FECKLESS   OSTENTATION   APPRISE   PLEA

INTERSPERSE   HARBINGER   CATALYST   AFFINITY

29. Find the hidden words. The words have been placed horizontally, vertically, or diagonally. When you locate a word, draw an ellipse around it.

A	N	T	I	T	H	E	T	I	C	A	L
V	Q	P	W	J	S	X	I	X	N	E	I
E	I	M	P	E	D	I	M	E	N	T	Q
L	G	E	Y	I	N	R	Z	H	G	B	M
N	N	D	B	W	L	T	W	O	J	W	F
C	I	U	A	N	E	O	P	B	U	S	D
C	T	T	A	Y	D	D	W	S	L	E	N
H	S	I	J	R	Y	N	N	S	O	Y	F
N	E	P	C	O	O	E	O	C	P	R	J
I	W	R	M	O	B	C	Y	V	E	C	M
Z	O	U	H	V	H	S	J	T	D	E	P
C	N	T	F	D	K	A	X	X	B	D	Q

TURPITUDE   IMPEDIMENT   SUBPOENA   ANTITHETICAL

ASCEND   DECRY   STING   LOPE

30. Find the hidden words. The words have been placed horizontally, vertically, or diagonally. When you locate a word, draw an ellipse around it.

B	E	A	T	R	E	O	O	A	Q	E	V
C	J	P	D	C	L	P	L	X	S	T	K
F	W	P	X	E	B	L	D	Z	Y	A	L
B	W	R	F	X	O	Y	N	P	N	P	K
X	R	I	S	H	N	Z	E	T	V	L	R
O	Q	S	T	M	G	Z	C	X	U	U	G
R	M	E	R	E	I	S	S	W	S	C	T
S	C	C	O	G	I	T	A	T	E	X	M
D	Y	T	I	N	I	F	F	A	K	E	X
D	U	D	U	P	L	I	C	I	T	Y	P
R	S	S	U	O	I	R	B	U	L	A	S
U	E	K	K	M	A	G	P	U	G	M	L

ASCEND   COGITATE   IGNOBLE   APPRISE

SALUBRIOUS   DUPLICITY   EXCULPATE   AFFINITY

31. Find the hidden words. The words have been placed horizontally, vertically, or diagonally. When you locate a word, draw an ellipse around it.

D	R	A	N	T	C	Z	G	L	X	J	S
A	Y	Y	O	A	X	G	S	G	R	M	Y
E	G	W	I	S	F	H	A	B	G	C	E
L	A	D	M	P	O	A	H	Y	M	G	Q
O	R	J	B	E	C	R	T	L	Q	S	X
S	B	G	Z	R	C	B	N	R	V	F	W
N	L	M	G	I	L	I	E	I	A	X	I
O	E	I	P	T	U	N	M	D	X	B	Y
C	Z	J	S	Y	D	G	R	F	F	S	A
M	I	H	X	Q	E	E	O	U	A	U	A
P	I	O	E	V	D	R	T	K	P	Y	U
L	J	P	R	E	C	A	R	I	O	U	S

RANT   ASPERITY   OCCLUDED   GARBLE

TORMENT   HARBINGER   CONSOLE   PRECARIOUS

32. Find the hidden words. The words have been placed horizontally, vertically, or diagonally. When you locate a word, draw an ellipse around it.

P	E	T	E	R	S	E	Y	Q	M	P	L
Z	N	Q	I	E	A	E	R	T	Y	R	V
T	P	O	F	J	S	E	O	F	X	U	N
I	E	A	U	J	X	R	T	C	P	D	U
U	T	L	U	J	K	C	A	H	R	E	V
L	S	Q	H	J	L	E	G	V	O	N	P
P	E	I	B	W	K	D	U	O	C	C	F
M	D	B	W	Q	R	B	N	C	K	E	B
O	I	M	P	E	D	I	M	E	N	T	K
P	S	Z	S	U	O	U	T	P	M	U	S
P	L	M	W	K	X	B	X	N	C	M	L
F	U	G	N	I	T	S	O	B	T	J	F

DECREE   STING   IMPEDIMENT   SUMPTUOUS

PRUDENCE   TERSE   NUGATORY   SIDESTEP

33. Find the hidden words. The words have been placed horizontally, vertically, or diagonally. When you locate a word, draw an ellipse around it.

I	D	O	W	I	L	A	D	J	O	A	X
I	I	X	L	Z	P	Z	X	P	Z	T	A
R	R	A	I	Z	Z	K	F	F	L	T	H
O	O	I	I	E	F	G	K	A	S	E	I
C	L	A	W	G	O	N	A	T	E	N	G
F	F	E	L	I	C	A	F	U	A	U	N
L	Q	U	Q	L	T	J	O	O	P	A	O
H	G	X	I	B	U	R	C	U	A	T	B
N	I	B	B	L	E	Z	O	S	L	E	L
T	F	A	W	A	S	G	S	F	A	G	E
V	P	C	T	D	N	H	U	U	T	J	T
V	M	Y	W	O	U	Q	Y	E	E	U	T

FACILE   IGNOBLE   FATUOUS   PALATE

FLORID   NIBBLE   ATTENUATE   WAFT

34. Find the hidden words. The words have been placed horizontally, vertically, or diagonally. When you locate a word, draw an ellipse around it.

Y	C	P	E	L	N	L	E	I	M	E	T
E	P	I	T	H	E	T	T	M	K	N	G
N	V	W	A	Q	Q	L	U	P	Y	G	A
D	O	S	C	A	V	P	D	E	B	R	U
R	L	X	O	P	T	A	I	R	M	O	C
B	R	A	V	E	R	A	V	M	W	S	H
Q	I	P	I	A	K	Z	U	E	D	S	E
A	X	E	U	F	E	F	L	A	R	I	R
F	G	B	Q	T	W	L	G	B	T	N	I
S	O	E	E	A	K	B	E	L	T	G	E
F	N	O	I	T	A	T	N	E	T	S	O
A	N	T	I	T	H	E	T	I	C	A	L

EPITHET   ENGROSSING   GAUCHERIE   DIVULGE

OSTENTATION   EQUIVOCATE   IMPERMEABLE   ANTITHETICAL

35. Find the hidden words. The words have been placed horizontally, vertically, or diagonally. When you locate a word, draw an ellipse around it.

E	Q	Y	M	T	U	C	E	N	G	T	C
T	A	R	K	C	Q	Y	V	R	Y	S	O
A	T	O	K	O	O	V	I	U	R	A	V
C	L	T	Z	A	K	U	N	O	C	C	D
O	X	A	T	G	L	A	C	A	E	E	X
V	J	G	U	U	H	S	E	L	D	R	K
I	D	U	E	L	E	X	P	L	O	I	T
U	Z	N	D	A	B	I	G	N	B	E	V
Q	U	L	S	T	Y	G	I	A	N	P	G
E	X	U	Q	I	B	Y	F	Z	P	M	Q
A	K	S	P	O	W	G	B	Y	E	R	Q
W	H	Y	C	N	O	B	B	T	X	R	O

RECAST   EVINCE   NUGATORY   COAGULATION

STYGIAN   DECRY   EQUIVOCATE   EXPLOIT

36. Find the hidden words. The words have been placed horizontally, vertically, or diagonally. When you locate a word, draw an ellipse around it.

L	Q	E	L	B	R	A	G	L	A	Q	R
N	T	E	E	P	M	M	A	Y	N	X	C
E	R	Y	U	W	H	X	Q	B	M	S	O
P	U	C	O	N	C	U	R	Y	K	E	G
R	C	X	N	V	P	Z	L	Z	C	D	I
E	U	W	O	P	J	L	Z	N	B	J	T
C	L	U	I	X	E	B	D	W	V	D	A
L	E	V	T	H	N	R	Z	J	N	Y	T
U	N	S	C	C	A	I	G	T	X	N	E
D	C	P	N	Z	L	F	U	I	I	K	L
E	E	I	A	K	P	T	S	S	V	U	J
A	B	A	S	M	D	E	L	C	T	J	Q

TRUCULENCE   SANCTION   RIFT   CONCUR

COGITATE   PRECLUDE   GARBLE

37. Find the hidden words. The words have been placed horizontally, vertically, or diagonally. When you locate a word, draw an ellipse around it.

R	G	I	Y	A	G	H	L	H	H	F	P
J	N	N	M	I	S	E	S	R	E	T	K
E	I	P	Z	L	N	I	B	B	L	E	C
L	S	E	K	R	V	D	X	T	Z	F	S
B	S	T	L	J	L	N	E	J	A	Z	R
O	O	U	S	C	J	E	V	H	G	L	N
N	R	L	P	T	R	N	I	N	T	T	E
G	G	A	J	R	C	N	N	N	U	P	Z
I	N	N	A	O	A	X	C	W	R	G	J
O	E	T	V	A	H	P	E	Y	D	K	K
Q	H	Z	I	R	F	R	Q	G	E	R	X
L	E	X	N	K	D	S	G	N	Q	Y	M

AIL   TERSE   IGNOBLE   NIBBLE

PETULANT   EVINCE   ENGROSSING

38. **Find the hidden words. The words have been placed horizontally, vertically, or diagonally. When you locate a word, draw an ellipse around it.**

I	Z	S	T	L	P	K	O	S	D	X	N
E	D	U	L	C	E	R	P	T	N	A	R
P	E	Q	S	I	J	I	G	Q	N	P	L
C	C	R	A	M	C	U	F	U	K	D	W
Z	N	J	L	L	N	G	A	S	N	Y	F
R	A	T	U	A	C	A	F	H	G	K	Y
T	R	U	B	U	J	R	Y	G	A	K	X
X	E	W	R	Q	A	B	R	R	J	Q	E
O	P	H	I	X	E	L	B	Q	Q	V	J
B	M	Z	O	T	M	E	F	U	K	R	V
L	E	Z	U	B	F	C	O	G	E	N	T
P	T	Z	S	C	A	N	V	A	S	S	Y

TEMPERANCE   QUALM   COGENT   GARBLE

RANT   SALUBRIOUS   PRECLUDE   CANVASS

39. Find the hidden words. The words have been placed horizontally, vertically, or diagonally. When you locate a word, draw an ellipse around it.

P	D	W	M	H	O	H	D	Y	R	A	E
J	G	W	D	E	O	N	O	F	A	R	X
K	R	B	Q	Z	S	V	S	X	Q	C	U
J	S	X	F	M	T	M	U	T	J	C	B
L	U	A	H	R	E	V	O	N	R	Q	E
O	O	U	B	L	N	Y	R	I	U	O	R
Q	J	Y	H	F	T	N	E	G	O	C	A
L	U	W	H	S	A	K	N	M	W	H	N
Y	R	C	E	D	T	I	O	L	A	K	C
S	Q	U	A	L	I	D	T	E	R	S	E
Q	K	D	M	R	O	J	A	W	C	G	P
N	W	P	V	N	N	S	I	Y	Y	G	A

TERSE   OVERHAUL   OSTENTATION   DECRY

SQUALID   COGENT   ONEROUS   EXUBERANCE

40. Find the hidden words. The words have been placed horizontally, vertically, or diagonally. When you locate a word, draw an ellipse around it.

Z	N	U	U	G	E	S	E	G	M	P	K
E	O	K	C	A	L	S	R	R	K	K	E
L	A	S	C	E	N	D	U	S	P	G	Y
A	J	I	N	G	T	V	T	U	Q	I	T
B	O	Z	M	B	E	P	O	L	Q	S	I
O	W	C	V	E	W	U	L	Z	D	I	C
R	X	L	D	O	Q	J	C	S	X	S	I
A	L	G	A	Z	M	O	J	S	M	C	L
T	I	S	N	A	R	E	K	B	Y	U	P
E	C	O	N	S	T	R	A	I	N	M	U
N	O	I	T	C	N	U	P	M	O	C	D
V	M	K	F	M	T	H	Q	N	X	E	F

SLACK   CLOTURE   DUPLICITY

ELABORATE   COMPUNCTION   CONSTRAIN

ASCEND   SNARE

41. Find the hidden words. The words have been placed horizontally, vertically, or diagonally. When you locate a word, draw an ellipse around it.

Z	J	D	J	G	X	Z	K	R	X	Q	O
H	E	N	T	R	E	A	T	U	D	H	B
X	U	X	W	M	I	C	V	W	H	R	T
F	P	E	R	T	A	I	N	S	Y	J	A
E	S	P	A	L	E	R	L	O	K	E	I
S	C	Z	Z	D	D	Y	K	U	X	W	N
D	E	S	O	C	I	L	L	E	B	K	J
L	K	W	P	A	R	W	X	E	O	G	C
P	T	N	A	V	A	S	S	R	H	L	I
M	B	X	Q	L	E	Y	V	C	U	S	N
E	T	A	R	O	B	A	L	E	Y	I	X
A	E	H	W	G	O	M	V	D	O	S	H

BELLICOSE   ELABORATE   OBTAIN   SAVANT

DECREE   PERTAIN   ENTREAT   RELAPSE

42. Find the hidden words. The words have been placed horizontally, vertically, or diagonally. When you locate a word, draw an ellipse around it.

V	N	S	W	O	E	N	M	I	T	Y	L
R	Z	M	K	S	U	B	L	I	M	E	U
F	U	X	G	M	B	V	I	D	Y	O	Q
G	Y	H	W	B	W	V	R	Y	N	E	N
I	Q	Q	F	C	Y	G	H	U	W	O	E
Y	W	N	G	O	Y	M	Y	Q	Z	M	V
C	K	A	G	G	P	I	G	O	X	I	A
M	Y	G	O	E	Q	C	Q	L	T	N	R
H	A	S	U	N	D	R	Y	B	M	O	C
H	P	G	D	T	O	A	G	O	Z	U	S
D	Z	Z	V	X	B	U	K	Q	H	S	P
Z	J	T	O	R	M	E	N	T	T	T	A

TORMENT   SUNDRY   COGENT   CRAVEN   OBLOQUY

ENMITY   OMINOUS   SUBLIME

43. Find the hidden words. The words have been placed horizontally, vertically, or diagonally. When you locate a word, draw an ellipse around it.

Z	S	G	V	F	U	Z	X	A	R	J	E
V	H	L	F	I	J	O	T	M	Y	L	B
Q	O	Y	T	I	C	I	L	P	U	D	I
I	G	C	Z	L	M	X	V	M	D	L	R
P	C	O	S	H	A	L	E	M	I	L	C
E	J	A	A	C	U	O	G	R	P	Y	S
T	Y	C	N	F	B	P	H	Q	R	D	O
U	V	A	C	H	C	E	O	B	O	I	R
L	R	N	T	Z	R	Z	M	N	T	T	P
A	N	I	I	E	X	X	I	F	B	K	M
N	V	Q	O	K	S	L	A	C	K	X	J
T	D	X	N	Y	E	W	C	V	F	A	A

SLACK   PROSCRIBE   IDYLL   DUPLICITY   LOPE

PETULANT   SANCTION   TORPID

44. Find the hidden words. The words have been placed horizontally, vertically, or diagonally. When you locate a word, draw an ellipse around it.

F	I	Q	N	R	B	Q	G	M	D	Q	Y
I	D	I	O	S	Y	N	C	R	A	S	Y
H	D	Z	P	I	T	H	L	T	P	U	G
X	R	U	D	V	U	A	I	R	R	S	A
C	D	E	L	O	S	N	O	C	X	R	T
Z	O	O	C	C	L	U	D	E	D	N	T
T	L	F	K	X	T	T	F	P	U	F	E
K	I	G	K	U	C	O	O	M	S	W	N
A	E	C	N	E	D	U	R	P	H	P	U
V	L	N	U	K	M	Z	W	G	W	J	A
A	N	Y	T	I	C	I	L	P	U	D	T
T	A	K	Q	E	G	D	G	I	L	R	E

PRUDENCE   IDIOSYNCRASY   OCCLUDED   ATTENUATE

PITH   DUPLICITY   CONSOLE

45. Find the hidden words. The words have been placed horizontally, vertically, or diagonally. When you locate a word, draw an ellipse around it.

J	E	U	D	K	B	V	S	W	K	X	U
C	T	H	D	G	L	S	U	E	I	F	O
C	A	S	U	K	A	A	O	U	P	V	N
C	R	U	P	B	R	L	N	T	E	I	M
Z	O	O	L	V	K	U	I	Q	J	P	V
K	B	I	I	C	Z	B	M	Z	C	S	Q
S	A	R	C	O	D	R	O	F	A	X	X
S	L	A	I	D	G	I	B	R	P	F	H
W	E	C	T	A	Z	O	S	L	A	C	K
T	E	E	Y	Q	T	U	L	Q	I	L	A
O	Z	R	P	S	R	S	K	B	R	W	E
V	Z	P	S	U	P	P	R	E	S	S	W

SLACK   ELABORATE   OMINOUS   CODA

SUPPRESS   SALUBRIOUS   DUPLICITY   PRECARIOUS

46. Find the hidden words. The words have been placed horizontally, vertically, or diagonally. When you locate a word, draw an ellipse around it.

R	W	G	Q	F	A	C	I	L	E	F	Y
E	V	S	L	B	S	W	Q	Y	U	I	J
G	A	U	K	N	U	G	A	T	O	R	Y
S	F	O	L	Y	H	Z	P	I	Q	P	X
I	D	N	B	A	X	N	U	N	M	V	K
J	H	I	E	D	X	X	W	I	A	Q	T
I	Q	M	E	K	G	Q	G	F	X	Y	Q
Q	H	O	S	O	X	C	X	F	Q	W	T
H	N	W	N	L	P	A	L	A	A	I	A
K	C	O	A	G	U	L	A	T	I	O	N
Y	S	A	R	C	N	Y	S	O	I	D	I
C	O	A	E	V	P	S	Z	R	T	G	H

FACILE   IDIOSYNCRASY   NUGATORY   AFFINITY

OMINOUS   SNARE   COAGULATION

47. Find the hidden words. The words have been placed horizontally, vertically, or diagonally. When you locate a word, draw an ellipse around it.

X	N	E	U	C	S	M	H	A	A	G	A
H	O	M	I	N	O	U	S	J	F	L	E
O	J	S	V	Q	Y	L	W	O	O	P	B
H	T	U	I	K	Y	U	S	Z	C	R	M
A	Q	O	E	J	G	C	H	V	Y	O	S
T	H	I	L	A	D	I	U	C	H	D	R
P	D	D	B	N	K	R	N	I	X	I	Q
J	B	O	R	Z	Q	R	S	T	U	G	Z
Y	Q	C	A	H	X	U	U	N	I	I	P
C	Y	T	G	K	C	C	X	I	Q	O	V
K	L	U	P	D	E	W	N	E	R	U	F
W	R	P	J	Q	D	D	T	F	U	S	Q

OMINOUS   FEINT   PRODIGIOUS   SHUN

ODIOUS   CURRICULUM   GARBLE

48. Find the hidden words. The words have been placed horizontally, vertically, or diagonally. When you locate a word, draw an ellipse around it.

Y	V	E	M	I	D	E	T	E	R	A	B
R	P	R	X	U	T	S	F	O	E	X	F
E	E	Z	A	R	G	W	U	U	O	Q	S
C	Y	R	A	S	I	P	G	J	C	A	X
I	P	H	I	H	C	C	H	V	T	K	D
T	N	E	G	L	U	F	E	R	Z	J	V
A	L	F	Y	X	Z	W	J	F	M	N	R
L	Z	I	H	C	Q	L	Q	R	H	Z	X
S	P	X	T	R	D	E	C	R	E	E	M
T	W	H	V	T	N	A	V	A	S	S	Q
X	E	X	C	O	R	I	A	T	I	O	N
W	Y	T	I	C	I	L	P	U	D	K	I

DECREE   RECITALS   SAVANT   REFULGENT

GRAZE   DUPLICITY   DETER   EXCORIATION